Luise Holthausen

Lena und das neue Baby

Mit Bildern von Stefanie Reich

sauerländer

Bibliografische Information der Deutschen Nationalbibliothek
Die Deutsche Nationalbibliothek verzeichnet
diese Publikation in der Deutschen Nationalbibliografie;
detaillierte bibliografische Daten sind im Internet
über http://dnb.d-nb.de abrufbar.

© Sauerländer 2012
Bibliographisches Institut GmbH
Dudenstraße 6, 68167 Mannheim
Alle Rechte vorbehalten.
Umschlaggestaltung: Norbert Blommel, Vreden,
unter Verwendung einer Illustration von Stefanie Reich
Lektorat: Nele Thiemann
Herstellung: Sarah Kimmig
Druck: Beltz Bad Langensalza GmbH,
Am Fliegerhorst 8, 99947 Bad Langensalza
ISBN 978-3-411-81104-5
www.sauerlaender.de

Inhalt

Luise Holthausen,

geboren 1959, arbeitete früher in einer Bank, bevor sie die Welt der Kinderbücher für sich entdeckte – nicht zuletzt durch ihre beiden mittlerweile erwachsenen Söhne. Heute lebt und arbeitet sie als freischaffende Autorin in Bochum.

Stefanie Reich,

geboren 1984 und aufgewachsen im südlichsten Zipfel Sachsen-Anhalts, studierte Visuelle Kommunikation mit dem Schwerpunkt Illustration an der Bauhaus-Universität Weimar.
Seit ihrem Diplomabschluss lebt und arbeitet sie als selbstständige Illustratorin in Leipzig.

Lena verliebt sich

Lena langweilt sich. Sie muss heute ganz alleine spielen, denn ihre Freundin Anne hat keine Zeit. Sie hat schon ihre Holztiere gefüttert, alle Autos zum Zoo gefahren, drei Unfälle gehabt und einen ausgebrochenen Löwen wieder eingefangen.

Jetzt fällt ihr nichts mehr ein. Jetzt muss sie sich jemanden zum Spielen suchen.

Als Erstes geht sie zu Sven. Der lümmelt auf seinem Bett und telefoniert.

„Spielst du mit mir?", fragt Lena. Wenn sie schon einen großen Bruder hat, kann er ja mal was Nützliches machen.

„Das find ich total süß", sagt Sven ins Telefon.

„Mit wem redest du?", fragt Lena neugierig.

Sven fährt hoch. „Das geht dich gar nichts an", blafft er. Seine Ohren sind knallrot.

Lena streckt ihm die Zunge raus und trollt sich wieder. Sie weiß sowieso, mit wem Sven redet. Das kann nur Lisa sein. Immer wenn man ihren Namen sagt, läuft er rot an. „Sven ist verliebt", hat Mama Lena erklärt. Bestimmt kriegt man vom Telefonieren mit seiner Verliebten auch rote Ohren.

Mit Sven ist also nichts anzufangen. Aber mit wem soll sie dann spielen?

Lena läuft ins Wohnzimmer. Da sitzen Papa und Mama nebeneinander auf der Couch und halten sich bei den Händen.

Papa schaut Mama ganz komisch an. Seine Augen leuchten. „Bist du sicher?", fragt er.

Mama nickt. Auch sie strahlt. „Ja, ganz sicher."

Da umarmt Papa sie ganz fest.

„Papa, pass auf, sonst zerquetschst du Mama noch", mahnt Lena.

Mama lacht. „Keine Sorge, Lenchen, wir sind nur verliebt."

Lena verdreht die Augen. Mit Verliebten kann man einfach nichts anfangen. Die haben nur Augen für einander, so wie Papa und Mama gerade. Oder säuseln am Telefon miteinander, so wie Sven und seine Lisa.

Da bleibt Lena nur noch die Milliekatze zum Spielen. Um der Maus an ihrer Katzenangel nachzujagen, steht sie normalerweise sogar freiwillig von ihrem Kuschelkissen auf.

„Milliekatze!", ruft Lena und schwenkt die Katzenangel. „Komm Mäuse fangen!"

Aber die Milliekatze liegt gar nicht auf dem Kuschelkissen. Sie streicht auch nicht um den Fressnapf herum, in der Hoffnung auf ein paar Leckereien.

Bestimmt geht sie im Garten spazieren. Lena läuft nach draußen. „Milliekatze!", ruft sie wieder.

„Mau, maunz", antwortet es zweistimmig vom Holunderstrauch.

Lena biegt die Zweige auseinander. Da liegen die Milliekatze und der dicke Merlin von den Nachbarn einträchtig nebeneinander und schauen sie an.

„Komm spielen", lockt Lena.

Die Milliekatze rührt sich nicht.

Großmütig fügt Lena hinzu: „Merlin darf mitspielen."

Die Milliekatze dreht den Kopf zur Seite und stupst Merlin mit der Nase an.

„Bist du etwa auch verliebt?", fragt Lena entsetzt.

„Mau", antwortet die Milliekatze.

Grummelnd trabt Lena ins Haus zurück. So geht das nicht weiter. Sven hat Lisa. Papa hat Mama und Mama hat Papa. Die Milliekatze hat Merlin. Und wen hat Lena?

„Dann verlieb ich mich eben auch!", ruft sie.

Mama kommt aus dem Wohnzimmer. „Was möchtest du machen?"

„Ich verliebe mich", wiederholt Lena.

„Oh", sagt Mama. „Warum das denn?"

„Wenn man verliebt ist, hat man immer jemanden zum Spielen und so", erklärt Lena. „Dann ist einem nie langweilig."

Mama nickt. „Das stimmt. Mit Papa ist mir wirklich nie langweilig. In wen willst du dich denn verlieben?"

Da muss Lena erst mal nachdenken. Wie entscheidet man das bloß? Vielleicht kann Mama ihr einen Rat geben. Die ist ja schon seit ungefähr hundert Jahren in Papa verliebt und kennt sich aus.

„Es sollte schon jemand Nettes sein", meint Mama.

Lena grübelt. Gibt es nette Jungs?

„Und er sollte das, was man selbst mag, auch ein bisschen mögen", fügt Mama hinzu.

„Till!", ruft Lena. Till ist ja sowieso ihr Freund. Dann kann sie sich auch gleich noch in ihn verlieben.

„Ja, Till ist nett. Das ist eine gute Wahl", bestätigt Mama.

Jetzt muss sie Till nur noch Bescheid sagen, damit er auch weiß, dass sie in ihn verliebt ist. Dazu ruft sie ihn am besten an. Verliebte telefonieren ja dauernd.

Lena rennt in Svens Zimmer, um das Telefon zu holen.

Leider telefoniert Sven immer noch.

„Ich muss auch mal telefonieren", sagt Lena. „Ich bin nämlich jetzt verliebt."

„Hau ab, Zwerg", erwidert Sven ungnädig.

Wütend stampft Lena aus dem Zimmer.

Im Wohnzimmer sitzt Papa, hört Musik und guckt immer noch komisch. Aber glücklich komisch.

„Papa, was macht man, wenn man verliebt ist, aber nicht telefonieren kann?", fragt Lena.

„Einen Liebesbrief schreiben." Papa lächelt versonnen.

Und wenn man noch nicht schreiben kann? Aber diese Frage kann Lena sich selbst beantworten. Wenn Mama einen Brief an Oma und Opa schreibt, dann malt Lena ihnen ein schönes Bild mit einer Blumenwiese dazu.

Rasch geht sie in ihr Zimmer und kramt die Buntstifte hervor. Nachdenklich kaut sie auf den Stiften. Oma und Opa freuen sich immer über Lenas Blumenwiesenbilder. Aber für Till will sie lieber was anderes malen. Till ist ja noch nicht so alt wie Oma und Opa. Also vielleicht ein Tier? Till mag Tiere. Oder ein Auto? Aber Till malt selbst Autos, jeden

Tag, im Kindergarten. Riesige Mengen von Autos. Da braucht er nicht noch eins von ihr.

Dann fällt es Lena ein: ein Herz! Verliebte freuen sich über gemalte Herzen. Das hat sie im Fernsehen gesehen.

Sie nimmt den roten Stift und malt ein dickes, großes Herz mit einem Pfeil in der Mitte. Dann schreibt sie in Großbuchstaben „Lena" hinein. Tills Namen kann sie leider noch nicht.

„Lena, Sven, es gibt Abendessen", ruft Mama.

Ha, es geht doch! So schnell ist der Nachmittag jetzt herumgegangen und Lena hat sich überhaupt nicht mehr gelangweilt. Verliebt sein ist schon toll.

Ein Herz für Till

Am nächsten Tag im Kindergarten wartet auf Lena schon ihre Freundin Anne. „Wollen wir zusammen…", fängt sie an zu reden.

Aber Lena beachtet sie gar nicht, sondern steuert schnurstracks auf Till zu und drückt ihm ihr Gemälde in die Hand. Gestern Abend hat sie es mit Mamas Hilfe noch zusammengerollt und eine rosa Schleife darum gebunden.

„Was soll ich damit machen?", fragt Till und beäugt die Schleife.

„Hab ich für dich gemalt." Lena strahlt ihn an.

Till zieht die Schleife ab und rollt das Bild auseinander. „Was ist das?", fragt er ratlos.

Lena wundert sich. Das sieht man doch, was das ist! Wenn sie eine Katze gemalt hätte, würde sie die Frage ja verstehen, denn ihre Katzen sehen immer ein bisschen wie Kühe ohne Hörner aus. Aber das Herz ist ihr wirklich gut gelungen.

Anne, die Till über die Schulter schaut, findet das offensichtlich auch. „Das ist ein Herz", sagt sie.

„Aha." Till mustert das Blatt immer noch mit diesem ratlosen Blick.

„Und das heißt Lena." Anne deutet auf die Großbuchstaben.

Lena drängt sie beiseite. „Gefällt es dir?", fragt sie Till.

„Mm." Till stopft das Bild in das Fach über seiner Garderobe. Lena schnauft. Kann er ihr Herz nicht ein bisschen sorgsamer behandeln?

„Spielen wir Baustelle?", fragt Till.

„Ja!", ruft Anne.

Lena ärgert sich noch wegen des Bildes. Und eigentlich hat sie keine Lust auf Baustellespielen. Aber sie ruft trotzdem „Ja, ja!". Schließlich kann sie ihren Verliebten nicht einfach Anne überlassen.

Till schleppt den riesigen Kran in die Bauecke. Lena fährt den Bagger herbei. Anne holt die Bausteine aus der Kiste. Dann lädt Till die Bausteine auf den Laster, kippt sie aus, stapelt sie aufeinander und schmeißt sie wieder um.

„Das ist ein blödes Spiel", meckert Anne.

„Brumm!" Mit Getöse baggert Till die Steine zum zweiten Mal auf den Laster.

„Machen wir lieber ein Puzzle", schlägt Anne vor.

„Mach du doch", sagt Till und baggert weiter.

Anne macht das Puzzle alleine. Es ist Lenas Lieblingspuzzle, das mit den Löwen und den Elefanten. Franzi kommt dazu und hilft ihr. Lena findet Franzi doof. Sie versucht, nicht hinzuschauen, sondern stapelt die Bausteine aufeinander, die Till gerade wieder vom Laster gekippt hat.

Nach zehn Minuten steht Anne schon wieder bei ihnen, Franzi im Schlepptau. „Wir dürfen raus in den Sandkasten. Wir haben gefragt. Kommst du mit?"

Lena schüttelt den Kopf.

„Du bist so langweilig heute", beschwert sich Anne.

„Bin ich nicht", wehrt sich Lena.

„Bist du doch. Du spielst gar nicht mit mir."

„Du spielst doch auch nicht mit mir."

„Ja, weil ich keine Lust hab, ständig blöde Bausteine zu baggern", sagt Anne und läuft mit Franzi hinaus.

Lena kaut auf ihrer Unterlippe und schaut Till an, der gerade mit einem lauten „Brumm" die Bausteine umfährt.

„Wir können ja auch rausgehen", schlägt sie ihm vor.

„Geh doch alleine", gibt er zurück.

Jetzt wird es wirklich Zeit, dass sie ihm das mal erklärt mit dem Verliebtsein. Till scheint ein bisschen schwer von Begriff zu sein. Das Bild mit dem Herz hat er ja auch schon nicht verstanden. „Ich kann nicht einfach ohne dich rausgehen. Ich bin doch verliebt in dich."

Till starrt sie entsetzt an. „Was? Wieso verliebt? Muss ich dich jetzt küssen?"

„Nein, nein", versucht Lena ihn zu beruhigen. „Nur mit mir spielen."

„Aber das mach ich doch sowieso immer."

Lena rutscht unruhig hin und her. So ganz genau weiß sie das alles ja auch nicht. Schließlich hat sie noch nicht so viel Übung im Verliebtsein. Überhaupt, alle tun immer so, als wäre es was Schönes, verliebt zu sein. Und gestern fand Lena das ja auch noch. Aber jetzt ist sie sich da gar nicht mehr so sicher.

Schöne Überraschung

Von nun an ist im Kindergarten alles anders als sonst. Till scheint sich überhaupt nicht zu freuen, dass er nun Lenas Verliebter ist. Im Gegenteil. Morgens sagt er ihr nicht mal mehr Hallo. Tagsüber spielt er immer in einer anderen Ecke als sie. Und wenn sie ihm näher kommt, dann guckt er sie mit so großen Augen an, als wolle sie sich gleich auf ihn stürzen wie die Milliekatze auf eine Maus. Beim Mittagessen zerrt er sogar Fatih schnell auf den Stuhl neben sich, bevor Lena sich hinsetzen kann.

Und Anne ist auch ganz komisch geworden. Seit Lena verliebt ist, spielt sie nur noch mit der blöden Franzi und will von Lena nichts mehr wissen.

Verliebtsein ist anscheinend ganz schön schwierig.

„War's schön im Kindergarten?", fragt Mama, wenn sie nachmittags zusammen nach Hause gehen.

„Mm", macht Lena dann immer nur, weil das Ja und Nein gleichzeitig heißen kann.

Einmal seufzt sie: „Ich bin eben verliebt."

„Aber das ist doch etwas Schönes", lacht Mama.

„Nein, es ist anstrengend", beklagt sich Lena. „Dauernd streitet man sich mit irgendwem."

Mama nickt verständnisvoll. „Ja, das kommt vor. Manchmal dauert es eben, bis man den Richtigen gefunden hat."

„So wie du Papa gefunden hast."

Mama lächelt. „Genau."

Lena denkt nach. Vielleicht ist Till einfach nicht der Richtige für sie?

Als sie zu Hause ankommen, rennt die Milliekatze gerade hinter einem rot getigerten Kater her.

„Das ist der falsche Kater", bemerkt Lena empört. „Du bist doch in Merlin verliebt, Milliekatze."

„Wenn man verliebt ist, heißt das doch nicht, dass man nie mehr was mit einem anderen zusammen machen darf", meint Mama. „Du spielst doch auch mit Till und Anne."

Das ist es ja eben. Lena seufzt. Sie spielt nicht mehr mit Anne. Dabei würde sie doch so gerne!

„Mama", fragt sie vorsichtig, „kann man sich auch *ent*lieben?"

Mama nickt. „Ja, das kommt vor. Vor allem, wenn man noch so jung ist wie du."

Lena macht einen Freudenhüpfer. Das ist doch überhaupt das Beste! Sie entliebt sich und dann kann sie endlich wieder einfach nur so mit Till spielen. Solange sie Lust dazu hat. Till muss keine Angst mehr haben, dass sie ihn küssen will, und Anne kann wieder ganz normal mitspielen.

Aber dann kommt ihr ein anderer Gedanke und ihr Herz wird ganz schwer. So schwer, dass sie gar nicht mehr weitergehen kann. „Du und Papa, entliebt ihr euch auch mal?", fragt sie besorgt.

„Oh, nein." Mama lacht. „Ganz bestimmt nicht. Außerdem haben Papa und ich euch was zu erzählen. Eine Überraschung, die auch mit dem Verliebtsein zusammenhängt."

Da hüpft Lena gleich noch mal vor Leichtigkeit, dreimal hintereinander. Und dann will sie sofort und auf der Stelle wissen, was das für eine Überraschung ist. „Bitte jetzt sagen, Mama, jetzt sagen!"

Aber sosehr sie auch bettelt, Mama verrät nichts.

Erst am Abend, als sie alle vier beim Essen sitzen, fängt Mama feierlich an: „Papa und ich, wir haben euch etwas Schönes zu erzählen. Etwas sehr Schönes. Ich war heute bei der Ärztin."

„Bist du krank?", fragt Lena.

„Das ist doch nichts Schönes", weist Sven sie zurecht.

Mama fasst nach Papas Hand. „Nein, ich bin nicht krank. Im Gegenteil. Ich habe es schon seit ein paar Tagen vermutet, und jetzt hat es die Ärztin bestätigt. Ich bekomme ein Baby. Das heißt, ihr bekommt ein Geschwisterchen. Wir freuen uns so!"

Papa und Mama schauen sich an und jetzt leuchten ihre Augen wieder, genau wie neulich, als sie zusammen auf dem Sofa gesessen haben und Papa beinahe Mama zerquetscht hat.

„Noch so'n Zwerg?" Sven wirft einen kritischen Blick auf Lena. „Aber vielleicht wird's ja ein Junge. Das wär cool."

„Nein, es soll ein Mädchen werden!", ruft Lena.

Aber egal, was es wird, sie freut sich. Sie kriegen ein Baby! Was für ein Glück, dass sie sich gerade entliebt hat. Für solchen Liebeskram hat sie jetzt nämlich keine Zeit mehr. Jetzt muss sie sich erst mal um Mama und das neue Geschwisterchen kümmern.

Wo ist das Baby?

Heute darf Lena nach dem Kindergarten zu ihrer Freundin Anne. Sie spielen Vater, Mutter, Kind.

„Ich will die Mutter sein", ruft Lena.

„Nein, ich bin die Mutter", widerspricht Anne. „Du sollst der Vater sein. Und das ist das Kind." Sie setzt eine Puppe aufs Bett und daneben einen Teddy. „Und das ist der große Bruder vom Kind."

„Wir brauchen keinen großen Bruder", wehrt Lena ab. Große Brüder sind absolut überflüssig. „Höchstens einen kleinen. Einen ganz winzigen."

„Dann bekomme ich eben ein Baby." Anne nimmt den Teddy und stopft ihn sich unter den Pulli.

„Genau, du bist schwanger", stimmt Lena begeistert zu.

„Ich bin überhaupt nicht schwanger", meint Anne.

„Bist du wohl."

„Bin ich nicht", wiederholt Anne störrisch.

Lena erklärt es ihr: „Aber du kriegst doch ein Kind.

Also bist du schwanger. Ein Kind kriegen ist dasselbe wie Schwangersein."

„Ach so." Anne streichelt ihren dicken Bauch.

„Meine Mama ist nämlich auch schwanger", sagt Lena stolz.

„Aber die ist doch ganz dünn", meint Anne.

Das stimmt. Mama sieht genauso aus wie immer. Wo das Baby sein soll, hat Lena auch noch nicht so ganz verstanden. Das ist in ihrem Bauch, hat Mama ihr zwar erklärt, aber man sieht überhaupt nichts davon. Wenn Anne sich den Teddy unter den Pulli stopft, hat sie da eine dicke Beule. Mama hat keine Beule.

Als Lena von Anne nach Hause kommt, liegt Mama auf der Couch und schläft. Mitten am Tag! Lena schaut auf die Uhr an der Wohnzimmerwand. Der kleine Zeiger steht auf der Fünf und der große ein bisschen weiter. Also ist es irgendwas mit fünf Uhr. Kann man um fünf Uhr nachmittags schlafen?

„Mama, bist du krank?", fragt Lena.

Mama schlägt die Augen auf. „Ach, Lenchen." Sie lächelt. „Nein, ich bin nicht krank. Ich bin nur müde. Als ich mit dir schwanger war, war ich auch immer müde. Und bei Sven war mir schlecht. Diesmal ist mir morgens schlecht und ansonsten bin ich müde, beides gleichzeitig."

Wie kann ein Baby, von dem man nichts sieht, bloß so viel Durcheinander anrichten? „Wo ist das Baby überhaupt?", fragt Lena.

„Das hab ich dir doch erklärt, Lenchen. Das Baby ist in meinem Bauch."

„Aber dein Bauch sieht aus wie immer."

„Das Baby ist ja auch noch so winzig." Mama zeigt es mit Daumen und Zeigefinger: kaum größer als eine Erbse. „Deswegen braucht es neun Monate, bis es fertig entwickelt und groß genug ist, um auf die Welt zu kommen."

„Neun Monate?" Lena ist entsetzt. Neun Monate, das ist so lange, das kann sie sich gar nicht vorstellen.

Mama rappelt sich von der Couch hoch. „Willst du mit mir Kuchen backen?"

Kuchen? Mitten in der Woche? Wenn keiner Geburtstag hat? „Ja!", ruft Lena. „Essen wir den Kuchen zu Abend?"

Mama lacht. „Nein, das nicht. Aber mir ist gerade so furchtbar nach Schokokuchen."

Lena hat nichts dagegen, wenn Mama furchtbar nach Schokokuchen ist. Davon hat sie nämlich auch was. Erst kann sie Eier zerbrechen und Milch verschütten und beim Teigrühren helfen. Und vor allem Schokostreusel naschen. Das macht riesig Spaß.

Und danach darf sie vom noch warmen Kuchen ein ganz großes Stück essen. Und niemand meckert mit ihr, dass sie so kurz vor dem Abendessen noch Süßes nascht. Denn Mama macht es ja auch.

Schokokuchen
mit sauren Gurken

Beim Abendessen stochert Lena in ihrem Kartoffel-
brei herum. Nach dem vielen Kuchen hat sie natürlich keinen Hunger mehr. Mama schon. Die hat
immer Hunger. Und auf ganz komische Sachen.
Nach dem Abendessen, als sie wieder auf der Couch
liegt, die Füße hoch und die Augen zu, sagt sie: „Am
liebsten hätte ich zum Nachtisch noch ein Stück
Schokokuchen mit Schlagsahne und sauren Gurken."
Lena reibt sich die Ohren. Mit denen kann was nicht
stimmen. Das hat sie bestimmt falsch gehört.
Aber da sagt Mama es noch einmal: „Schokokuchen
mit Schlagsahne und Gurken." Sie seufzt, als würde
ihr schon das Wasser im Mund zusammenlaufen.
Lena geht in die Küche, wo Papa gerade das Geschirr
vom Abendessen in die Spülmaschine räumt.

„Mama will was Komisches essen", berichtet sie.

„So, was denn?"

„Schokokuchen mit Sahne und sauren Gurken."

Papa lacht. „Das kann sie haben." Er schneidet ein Stück von dem Schokokuchen ab, sprüht Sahne darauf und legt noch ein paar saure Gurken daneben.

Lena starrt auf den Teller. Jetzt läuft ihr das Wasser im Mund zusammen. Nicht wegen der Gurken. Wegen des Schokokuchens.

Papa sieht ihren Blick. „Willst du auch?"

Lena nickt. „Ohne Gurken", fügt sie schnell hinzu.

„Das dachte ich mir schon." Papa schneidet ein zweites Stück ab.

Während Mama genussvoll abwechselnd in die Gurken und in den Schokokuchen beißt, erklärt sie Lena, warum ihr das so gut schmeckt. Das kommt natürlich auch wieder von dem Baby. Da verändert sich so viel in ihrem Körper, dass der manchmal ganz komische Sachen haben will.

„Als ich mit dir schwanger war, wollte ich einmal ganz dringend Zitronenlimonade trinken", erzählt Mama lachend. „Und weil wir keine hatten, ist Papa tatsächlich mitten in der Nacht losgefahren und hat an der Tankstelle eine Flasche gekauft. Ich glaube, so was Leckeres hab ich noch nie getrunken!"

Oh, das kann Lena sich gut vorstellen! Zitronen-limonade trinkt sie auch gerne. Vielleicht hat sie die schon als Baby im Bauch gerne getrunken und deshalb hatte Mama solchen Durst darauf?

Nachdenklich trägt Lena ihren leeren Teller wieder in die Küche. „Ich will noch ein Stück Kuchen", sagt sie zu Papa.

Aber der schüttelt den Kopf. „Nein, Lenchen, nun ist es genug. Du kannst dich nicht nur von Kuchen ernähren."

Mit finsterer Miene stapft Lena zurück ins Wohn-zimmer. Mama darf Kuchen und saure Gurken essen und Limonade trinken so viel sie will. Und sie, die arme Lena, darf es nicht. Das ist ungerecht!

Mama hat ihren Teller auch leer gegessen und streicht sich zufrieden seufzend über den Bauch. „Das war gut!"

Lena schaut auf den Teller. Dann auf Mama. Dann wieder auf den Teller. Und dann hat sie eine Idee. „Ich bring den Teller für dich in die Küche", bietet sie Mama an.

„Das ist lieb von dir, Lenchen."

Mit dem leeren Teller geht Lena in die Küche. Dabei achtet sie sorgfältig darauf, dass die Wohnzimmer-tür zu ist. Mama muss ja nicht alles hören.

„Mama möchte noch ein Stück Kuchen", sagt Lena
zu Papa.

„Noch eins?", fragt Papa überrascht.

„Das Baby hat eben Hunger", erklärt Lena.

Papa lacht. „Dieses Baby ist gefräßig." Dann schneidet er tatsächlich noch ein Stück Kuchen ab und legt
es auf den Teller.

Geschafft! Lena huscht in ihr Zimmer und dort isst
sie in aller Ruhe den Kuchen auf. Jetzt ist sie so satt,
dass sie beinahe platzt! Aber lecker war es.

Leckere Heimlichkeiten

In den nächsten Tagen hat Mama noch weitere komische Essenswünsche. Sie isst sauren Hering, igitt, und dazu Gummibärchen, lecker. Und Papa macht alles für Mama. Sogar Sven ist viel netter geworden. Mama muss nur Piep sagen und schon springen beide um sie herum.

Und Lena hat auch was davon. Sie geht zu Sven und behauptet: „Mama will Zitronenlimonade." Und da fährt Sven doch tatsächlich mit dem Fahrrad los und kauft eine Kiste Zitronenlimonade und balanciert sie auf seinem Gepäckträger nach Hause. Dabei will das Baby gar nicht so gerne Zitronenlimonade trinken wie Lena, als sie noch in Mamas Bauch war, denn Mama fragt nie nach Zitronenlimonade.

Aber Lena kann die Limo still und heimlich alleine trinken. Sie hat ihr neues Geschwisterchen jetzt schon ganz doll lieb!

Leider ist Mamas Heißhunger auf komische Sachen

aber nach ein paar Tagen schon wieder vorbei. Bald ist auch ihre Müdigkeit vorbei. Statt sich nach der Arbeit auf die Couch zu legen, räumt sie jetzt das Haus auf.

So dauert es auch nicht lange, bis sie die leeren Limoflaschen in Lenas Zimmer findet.

„Wo hast du diese Flaschen her?", fragt sie streng.

Lena beißt sich auf die Lippen. „Aus dem Limokasten."

„Und wo kommt der Limokasten her?"

Lena hebt die Schultern und lässt sie wieder fallen. Einen Kasten mit Limo kann sie nicht tragen. Das ist zu schwer für sie. Das wird sicher auch Mama verstehen und sie in Ruhe lassen.

Aber Mama fragt unerbittlich weiter. „Wer hat den Limokasten gekauft?"

„Sven", murmelt Lena.

Mama hebt die Stimme. „Sven, kommst du mal bitte her!"

Eine Weile herrscht Stille. Lena hofft so sehr, dass Sven gar nicht zu Hause ist. Aber dann kommt er doch ins Zimmer. Er macht ein unwilliges Gesicht. „Was ist denn los?", will er wissen.

„Für wen hast du eine Kiste Zitronenlimonade gekauft?", fragt Mama.

Sven guckt erstaunt. „Na, für dich natürlich."

Jetzt guckt auch Mama erstaunt.

Und dann guckt sie zu Lena, aber nicht mehr erstaunt, sondern ziemlich böse.

Lena würde am liebsten unter den Teppich kriechen. Stattdessen fängt sie an zu weinen. Dabei hat Mama noch gar nicht geschimpft. Aber Lena spürt auf einmal, dass sie eigentlich schon ganz lange weinen wollte. Bisher hat sie es nur nicht gewusst. Am liebsten würde sie auch gleich noch toben und plärren und sich auf der Erde wälzen.

Mamas Hand streicht ihr übers Haar. „Nun wein' doch nicht gleich, Lenchen!"

Lena wirft die Arme um Mama und kriecht fast in sie hinein. Mama fühlt sich anders an als sonst. Ein bisschen dicker. Mama hat ein Bäuchlein bekommen. Da muss Lena noch ein bisschen doller weinen.

„Mann, warum heult die denn so?", knurrt Sven.

Wie soll Lena das erklären? Ihr ist auf einmal alles so unheimlich. Dass es noch ein Baby geben soll, das ihr doch eigentlich ganz fremd ist. Dass Mama anders ist. Überhaupt dass alles anders wird.

Ach, sie weiß es ja selbst nicht so genau. Sie weiß nur, dass ihr das Weinen guttut. Und dass es ihr guttut, von Mama im Arm gehalten zu werden.

Mama weiß das anscheinend auch, denn sie sagt gar nichts, sondern streichelt Lena nur, bis sie nur noch ab und zu leise aufschluchzt.

„Besser?", fragt Mama.

Lena nickt.

„Und mit der heimlichen Zitronenlimonade ist jetzt Schluss?"

Lena nickt wieder. Nein, keine heimliche Limo mehr. Und auch kein heimlicher Schokokuchen mehr. Überhaupt keine Heimlichkeiten mehr.

Hallo, Baby, hier Lena

Draußen regnet es. Schon den ganzen Tag. Lena tobt die Treppe rauf und runter, denn im Garten toben kann sie bei diesem Wetter ja nicht.

„Nicht so laut, Lenchen", mahnt Mama, die im Wohnzimmer auf der Couch sitzt. Ihr Bauch ist jetzt schon richtig rund.

Sven kommt aus seinem Zimmer geschossen. „Von dem Getrampel fallen ja sogar dem Baby die Ohren ab", meckert er.

Dieser Doofi! Lena streckt ihm die Zunge raus. „Das Baby hat doch noch gar keine Ohren."

„Wie kommst du denn da drauf? Meinst du vielleicht, Babys werden ohne Ohren geboren?"

Mama sagt: „Bei Babys entwickelt sich das meiste bereits in den ersten Wochen. Es hat jetzt schon fast alles, was ein Mensch braucht."

„Dann kann es doch auch jetzt schon rauskommen", schlägt Lena vor.

„Nein, dazu ist es noch viel zu klein. Die Organe gibt es zwar schon, aber sie funktionieren noch nicht richtig. Es kann zum Beispiel noch nicht atmen."

„Siehste", sagt Lena und streckt Sven die Zunge raus.

„Aber hören kann es schon", meint Mama.

„Siehste", sagt Sven und streckt Lena die Zunge raus.

„Kann es auch schon sprechen?", fragt Lena.

Mama schüttelt den Kopf. „Nein, aber es kann sich trotzdem bemerkbar machen. Es ist nämlich schon ganz ordentlich gewachsen, und da spüre ich auch seine Bewegungen. Zuerst ganz leise und zart, wie ein Blubbern, aber inzwischen schon viel kräftiger."

„Das will ich auch spüren!", ruft Lena.

Mama zieht ihre Bluse hoch und zeigt Lena ihren Bauch. Er ist so rund, als hätte sie Unmengen von Schokokuchen gegessen. Lena legt ihre Hand darauf und geht ganz dicht mit dem Mund dran. „Hallo, Baby, hier ist Lena", flüstert sie.

Keine Bewegung, nichts.

„Kannst du mich hören, Baby?", sagt Lena, nun schon etwas lauter.

Nichts rührt sich.

„Es antwortet nicht." Lena schiebt die Unterlippe vor.

„Kein Wunder", meint Sven. „Ich würde auch nicht

hören, wenn man immer nur ‚Baby‘ zu mir sagt. Es braucht doch einen Namen!"

„Papa und ich haben uns überlegt, wenn es ein Junge wird, soll es Simon heißen", verrät Mama.

„Und wenn es ein Mädchen wird?", fragt Lena.

„Dann soll es Ronja heißen."

Ronja, das gefällt Lena. Sogar Simon gefällt ihr, auch wenn sie eigentlich nicht noch einen Bruder will.

„Wird es denn ein Junge?", fragt sie besorgt.

„Na hoffentlich!", ruft Sven.

„Das wissen wir noch nicht", sagt Mama. „Vielleicht kann die Ärztin es bei der nächsten Ultraschalluntersuchung sehen. Aber ich will es gar nicht wissen. Ich will mich überraschen lassen. Mir ist beides recht. Die Hauptsache ist sowieso, dass es gesund ist."

Lena denkt nach. Wie sollen sie das Baby denn nun nennen, wenn sie gar nicht wissen, ob es ein Simon oder eine Ronja wird?

„Hallo, Simon", versucht sie es noch einmal.

Nichts.

„Hallo, Ronja."

Immer noch nichts.

„Babys hören nicht auf Kommando. Weder im Bauch noch später, wenn sie auf der Welt sind", sagt Mama und lacht.

Lena gähnt. Das Toben hat sie müde gemacht. Sie kuschelt sich an Mama.

„Vielleicht schläft Simon-Ronja gerade", murmelt sie und macht die Augen zu.

Da spürt sie ein leises Pochen an ihrer Wange.

Sie reißt die Augen wieder auf. „Mama, da bewegt sich was!" Ganz vorsichtig streichelt sie Mamas Bauch. „Hallo, Simon-Ronja, hast du ausgeschlafen?"

Und Mamas Bauchdecke bewegt sich, nur ganz leicht, aber deutlich spürbar. Simon-Ronja antwortet Lena.

Baby-Fernsehen

Seit ein paar Wochen geht Mama nicht mehr zur Arbeit. Sie hat jetzt so eine Art Urlaub, der heißt „Mutterschutz". Manchmal findet Lena das gut. Mama hat jetzt so viel Zeit! Sie ist immer da und kann ihr vorlesen und mit ihr spielen und kuscheln. Und morgens kann Lena so viel trödeln, wie sie will, weil Mama nicht mehr zu einer bestimmten Zeit aus dem Haus muss.

Aber manchmal findet Lena es auch nicht so gut, dass Mama nun immer zu Hause ist. Denn Mama hat jetzt wirklich viel Zeit! Nicht nur für die schönen Sachen. Plötzlich guckt sie ganz genau hin, ob alles ordentlich und aufgeräumt ist und ob Lena auch keinen Unsinn macht. Das ist schrecklich lästig.

Simon-Ronja aber ist immer noch nicht da. Das dauert und dauert! Im großen Küchenkalender haben Papa und Mama den Geburtstermin dick und fett mit Rot angestrichen. Und zusammen zählen sie, wie viele Tage es bis dahin noch sind. Unendlich oft haben sie zusammen gezählt. Jetzt ist es aber bald so weit. Gestern waren es „noch ein, zwei, drei Tage".

Aber an diesem Morgen sagt Mama auf einmal: „Ich muss heute ins Krankenhaus."

Kann das denn sein? Aufgeregt rennt Lena zum Küchenkalender. Sie hat doch erst einmal geschlafen. Also müssen es doch eigentlich „noch ein, zwei Tage" sein.

Aber vielleicht kann das Baby es nicht erwarten, Lena endlich kennenzulernen? Vielleicht überspringt es einfach ein paar Tage?

„Mama, kommt das Baby jetzt sofort?"

Mama seufzt. „Schön wär's. Dieser Bauch wird langsam ganz schön lästig."

Das findet Lena allerdings auch. Mamas Bauch ist nämlich inzwischen so dick, als hätte sie einen großen Ball verschluckt. Mama kann damit nicht mehr Fangen spielen. Sie kann Lena nicht mehr auf den Arm nehmen. Sie kann nicht einmal mehr richtig laufen, sondern nur watscheln wie eine Ente.

Ja, es wird Zeit, dass Simon-Ronja endlich auf die Welt kommt!

Leider erklärt Mama: „Ich muss nur zur Kontrolle ins Krankenhaus."

Lena schiebt die Unterlippe vor. Und sie hatte sich schon so gefreut! „Ständig musst du zum Arzt", muffelt sie.

„Nicht ständig", widerspricht Mama. „Aber meine Ärztin will natürlich schon regelmäßig untersuchen, ob alles in Ordnung ist und ob es Simon-Ronja gut geht. Erst recht so kurz vor der Geburt. Deswegen gehe ich heute zur Untersuchung auch direkt ins Krankenhaus." Sie legt Lena liebevoll den Arm um. „Nun mach nicht so ein Gesicht, Lenchen. Wenn du willst, darfst du heute den Kindergarten schwänzen und mit mir kommen."

Da strahlt Lena wieder. Ja, sie will mit Mama ins Krankenhaus mitkommen und sich dort alles ganz genau ansehen!

Mit dem Auto ist es nicht weit zum Krankenhaus. Es ist ein großes Gebäude mit vielen Stockwerken. Mama muss zur Entbindungsstation. In einem Untersuchungszimmer legt sie sich auf eine Liege. Eine nette Frau in einem weißen Kittel legt ihr einen Gurt um den dicken Bauch.

„Wer bist du denn?", will Lena wissen. „Und was machst du da?"

„Ich bin Hebamme", erklärt ihr die nette Frau. „Ich helfe den Frauen beim Kinderkriegen."

„Bringst du auch Simon-Ronja auf die Welt?"

Die Frau lacht. „Nein, zur Welt bringt deine Mama euer Baby schon selbst. Aber ich helfe ihr. Ich passe zum Beispiel auf, ob es dem Baby während der Geburt gut geht. Das merke ich an den Herztönen. Hörst du das?" Sie schließt irgendwelche Kabel an ein Gerät und legt das andere Ende auf Mamas Bauch.

„Bumbumbumbumbumbumbum", pocht es.

Mama lächelt glücklich. „Das ist der Herzschlag von Simon-Ronja."

„So schnell? Und so laut?" Lena staunt. Das klingt ja wie eine Dampfmaschine.

„Das hören wir nur durch das Gerät so laut", erklärt die Hebamme. „Aber schnell ist es wirklich. Weil Babys so klein sind, schlägt ihr Herz ungefähr doppelt so schnell wie das von Erwachsenen."

Jetzt kommt auch noch die Ärztin herein und begrüßt Mama und Lena. „Willst du dein Geschwisterchen auch mal sehen?", fragt sie Lena.

Lena nickt heftig. Oh ja, das will sie! „Kannst du machen, dass das Baby jetzt gleich auf die Welt kommt?"

Aber leider kann die Ärztin das nicht. Vor allem möchte sie es nicht. „Ein Baby entscheidet selbst, wann es auf die Welt kommt. Und solange es ihm gut geht, gibt es überhaupt keinen Grund, es vorzeitig zu drängeln. Die neun Monate sind ja noch gar nicht ganz um."

„Och, die paar Tage", meint Lena und schiebt die Unterlippe vor.

Die Ärztin fährt mit einem komischen Stecker über Mamas Bauch. Auf einem Bildschirm erscheint in körnigem Schwarz-Weiß ein Babygesicht. Das ist ja fast wie Fernsehen! Lena winkt aufgeregt. „Hallo, Simon-Ronja!"

„Dein Geschwisterchen kann dich so nicht sehen", sagt die Ärztin. „Aber bald! Jetzt dauert es nämlich nicht mehr lange bis zur Geburt." Sie wendet sich an Mama. „Hoffentlich haben Sie schon Ihr Köfferchen fürs Krankenhaus bereitstehen."

„Das ist schon lange gepackt", versichert Mama.

Lena spitzt die Ohren. Ein Köfferchen fürs Krankenhaus? Daran hat sie noch gar nicht gedacht. Aber klar, Mama braucht ein Nachthemd und Wäsche zum Wechseln und so. Und Simon-Ronja braucht einen Strampelanzug und Windeln. Babys kommen ja nicht angezogen auf die Welt.

Bald ist die Untersuchung beendet. Die Ärztin ist zufrieden mit Mama und Simon-Ronja. Aber bevor sie nach Hause gehen, zeigt Mama Lena noch das Neugeborenenzimmer. Durch eine große Glasscheibe können sie die Babys sehen, wie sie in ihren Bettchen liegen und schlafen. Wie winzig die noch alle sind!

„Muss Simon-Ronja dann auch hier liegen?", fragt Lena besorgt. „So ganz ohne uns?"

Mama beruhigt sie: „Hier sind die Babys nur, wenn sie untersucht werden oder die Mutter Ruhe braucht. Normalerweise sind sie bei ihrer Mama im Zimmer. Dort haben sie sogar ein eigenes Bettchen."

„Und ich?", fragt Lena. „Wo schlafe ich?"

„Zu Hause natürlich", meint Mama.

Aber da hat Mama sich getäuscht! Sie glaubt doch wohl nicht, dass sie Simon-Ronja alleine, ganz ohne Lena, bekommen kann? Nein, Lena kommt mit ins Krankenhaus. Aber ganz sicher!

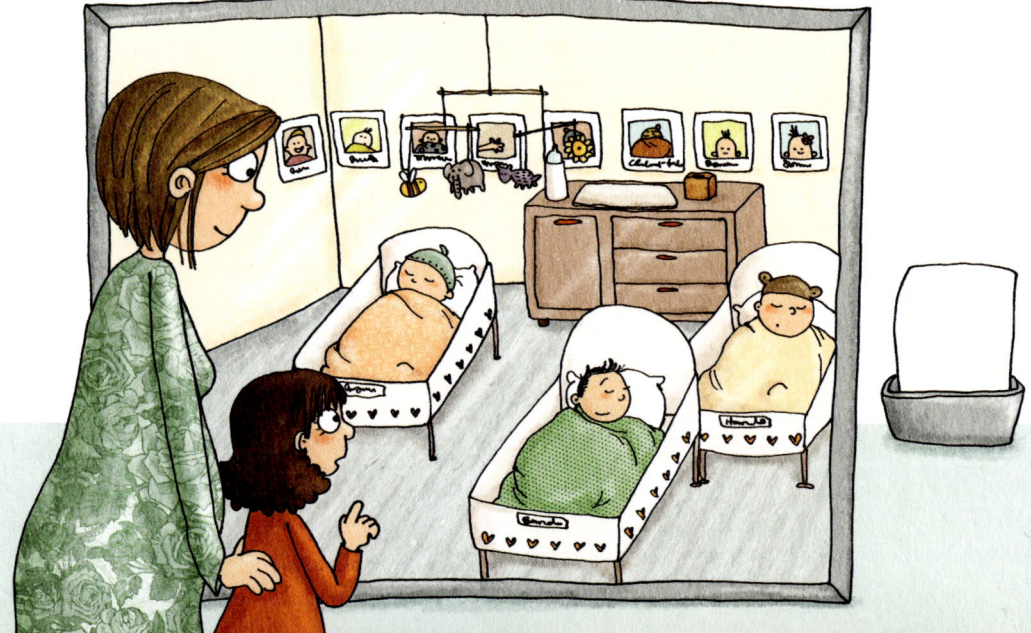

Lena packt in echt

Zu Hause lässt Mama sich mit einem Ächzen auf die Couch sinken. Lena rennt in ihr Zimmer und zerrt ihr Köfferchen unter dem Bett hervor. Als Erstes legt sie ihren Kuschelteddy hinein. Dann kramt sie in ihrem Schrank.

„Mama, wo ist mein Eisbärschlafanzug?", ruft sie.

„Den habe ich heute Morgen auf die Wäscheleine gehängt."

Lena trottet zu Mama ins Wohnzimmer. „Aber ich will den Eisbärschlafanzug einpacken."

„Einpacken? Spielst du Verreisen?"

Spielen! Dass Erwachsene immer denken, man wolle spielen! „Nein, ich packe in echt. Ich brauch doch auch so ein Köfferchen wie du fürs Krankenhaus."

„Ach, du spielst Krankenhaus und Kinderkriegen."

Lena seufzt. Ob das auch am dicken Bauch liegt, dass Mama nun so gar nichts mehr versteht? Geduldig erklärt sie ihr: „Wenn du Simon-Ronja zur Welt

41

bringst, gehst du doch ins Krankenhaus. Und ich auch. Damit ich dir helfen kann."

Mama setzt sich ruckartig auf. „Das kommt überhaupt nicht in Frage. Das Baby bekomme ich ganz alleine. Nur Papa darf mit."

So was Ungerechtes! Lena stampft mit dem Fuß auf. „Ich will auch mit!"

Mama schüttelt nur den Kopf.

Wütend rennt Lena wieder in ihr Zimmer. Wieso darf Papa mit und sie nicht? Und überhaupt, wer soll eigentlich auf sie aufpassen, wenn Mama und Papa beide weg sind? Sven vielleicht?

Sie kehrt um und trampelt zurück ins Wohnzimmer. „Ich bleib aber nicht allein zu Hause", schreit sie.

„Aber Lenchen, das musst du doch auch gar nicht", meint Mama. „Ein Baby kriegt man doch nicht in fünf Minuten. Sobald ich merke, dass die Wehen beginnen, rufen wir Oma und Opa an, und dann kommen sie sofort."

Lena trampelt wieder davon. „Du freust dich doch immer, wenn Oma und Opa da sind", ruft Mama ihr nach.

Ja, das stimmt, aber diesmal kann Lena Oma und Opa nicht brauchen. Die können ja dann kommen, wenn Simon-Ronja auch da ist.

Finster schaut Lena auf ihr Köfferchen. Das packt sie jetzt einfach trotzdem. Und wenn Mama nicht will, dass sie mitkommt, dann macht sie es eben heimlich. Jawohl, sie schmuggelt sich ins Auto! Sie ist ja klein, da versteckt sie sich einfach hinten zwischen den Vordersitzen und der Rückbank. Wenn sie sich zusammenrollt, sieht sie keiner. Und ihr Köfferchen legt sie in den Kofferraum und darüber eine Decke. Jawohl, genau so macht sie es!

Nur ihren Eisbärschlafanzug kann Lena jetzt nicht einpacken. Mama hat Ohren wie ein Luchs, die merkt sofort, wenn Lena in die Waschküche schleicht und ihn abhängt.

Im Wohnzimmer klingelt das Telefon.

„Lenchen, gehst du dran?", ruft Mama. „Dann muss ich nicht schon wieder meinen schweren Bauch hochwuchten."

Hastig schiebt Lena ihr halb gepacktes Köfferchen unters Bett und rennt zum Telefon. „Hallo?"

Anne ist dran. Sie ist schon aus dem Kindergarten zurück. „Am Wochenende geht mein Papa mit mir in einen Freizeitpark. Kommst du mit?"

Das klingt toll. „Wann ist denn Wochenende?"

„Am Samstag."

„Und wie viel Tage sind es bis dahin?"

Anne fragt ihre Mama. Dann kommt sie wieder ans Telefon. „Das ist übermorgen. Noch zwei Tage."

Lena rechnet schnell nach. Noch ein, zwei Tage, dann soll Simon-Ronja zur Welt kommen. Also kann sie übermorgen nicht mit in den tollen Freizeitpark, auch wenn sie gerne würde.

„Nee", sagt sie deshalb. „Geht nicht."

„Warum nicht?", will Anne wissen.

Lena linst um die Ecke ins Wohnzimmer, wo Mama auf der Couch sitzt und Zeitung liest. „Weil ich Mama in zwei Tagen helfen muss, Simon-Ronja auf die Welt zu bringen", flüstert sie.

„Was?", fragt Anne. „Red doch mal lauter."

Lena huscht mit dem Telefon in ihr Zimmer und macht die Tür zu. „In zwei Tagen kommt Simon-Ronja auf die Welt. Da muss ich Mama helfen."

„Ach so. Schade", meint Anne.

Das findet Lena auch. Sehr sogar.

Ihr Blick fällt auf das Köfferchen unter ihrem Bett. Und da kommt ihr eine Idee. „Ich kann aber heute bei dir übernachten."

„Ich frag gleich mal, ob wir dürfen!" Es scheppert in der Leitung. Anne hat den Hörer hingeschmissen. Nach kurzer Zeit ist sie schon wieder da. „Juchu, wir dürfen!", brüllt sie ins Telefon.

„Bis gleich." Lena legt auf und schleppt ihr Köfferchen in den Flur hinaus.

Im Wohnzimmer hört sie ein Ächzen. Dann schaut Mama um die Ecke. Sie macht ein ärgerliches Gesicht. „Lenchen, was soll das? Ich hab dir doch gesagt, du darfst nicht mit ins Krankenhaus. Also pack dein Köfferchen wieder aus."

„Aber ich übernachte heute bei Anne."

Mama hebt eine Augenbraue. „Davon weiß ich ja noch gar nichts." Sie mustert Lenas Gepäck. „Und für eine Nacht brauchst du gleich einen ganzen Koffer?"

Lena nickt.

Mama lacht. „Na, meinetwegen. Viel Spaß." Sie gibt Lena einen Kuss und dann zieht Lena schnell mit ihrem Köfferchen davon. Nicht, dass Mama es sich noch mal anders überlegt!

Herzlichen Glückwunsch!

Bei Anne spielen sie diesmal Bauernhof. Die Pferde tollen über die Weide und die Schweine grunzen im Stall, den sie extra aus Lego bauen. Anne lässt die Hühner ständig Eier legen. „Kikeriki", kräht dazu der stolze Hahn.

Da muss Lena wieder an Simon-Ronja denken. Wenn Mama einfach ein Ei legen und es ausbrüten könnte, bis das Baby ausschlüpft, das wäre doch viel einfacher!

Sie liegen schon im Bett und sind ganz müde vom Spielen und Schwatzen, da fällt Lena noch etwas ein: Wie soll sie das Köfferchen denn bloß ins Auto kriegen, ohne dass es einer merkt? Das Auto ist ja immer abgeschlossen! Darüber muss sie morgen noch mal genau nachdenken. Jetzt schläft sie erst einmal.

Am nächsten Morgen kitzelt die Sonne sie an der Nasenspitze. Lena dreht sich auf die andere Seite.

Von Ferne hört sie es an der Tür klingeln. Aber das geht sie nichts an. Sie wohnt ja hier nicht. Sie ist hier nur zu Besuch. Da können andere an die Tür gehen. Wieder klingelt es. Sturmklingeln. Lena zieht sich die Decke über den Kopf.

Dann hört sie Stimmen. Ist das nicht Papa? Wieso ist Papa hier? Muss der nicht arbeiten? Oder ist der jetzt auch in Mutterschutz?

Lena zieht sich die Decke wieder weg.

„Na, herzlichen Glückwunsch!", hört sie Annes Mama rufen.

Seltsam! Es hat doch gar niemand Geburtstag. Lena schlüpft aus dem Bett und tappt in den Flur.

Und da steht Papa, müde und unrasiert, so als hätte er die ganze Nacht nicht geschlafen. Aber er strahlt. Und wie er strahlt!

„Das Baby ist da!", ruft er, schnappt sich Lena und wirbelt sie einmal im Kreis herum. „Es ist ein Mädchen. Unsere Ronja ist da!"

Lena blinzelt. Wie jetzt? Wieso denn jetzt schon? Gestern hieß es „noch ein, zwei Tage". Das heißt, noch einmal, zweimal schlafen. Und sie hat nur einmal geschlafen. Das weiß sie ganz, ganz genau!

„Papa, das stimmt nicht", sagt sie streng. „Jetzt ist es noch ein Tag, bis das Baby kommt."

Papa lacht. „Tja, Babys halten sich nicht immer an den Zeitplan. Das wirst du schon noch merken."

Lena schiebt die Unterlippe vor. Ihr ganzer schöner Plan war umsonst. So ein blödes Baby! Das kann doch nicht einfach machen, was es will. Erst hockt es neun Monate im Bauch, bis man es kaum noch erwarten kann, und dann kommt es plötzlich einen Tag früher, wenn man gar nicht damit rechnet.

Papa streicht Lena über die Wange. „Magst du Mama und Ronja besuchen?"

Lena schaut ihn misstrauisch an. „Du meinst, jetzt gleich?"

Papa nickt.

„Ich hab noch meinen Schlafanzug an. Und noch nichts gegessen. Und noch keine Zähne geputzt."

Papa beugt sich zu ihr herab und flüstert ihr ins Ohr: „Ausnahmsweise geht das auch ohne."

Da kommt Lena einfach mit. Anziehen, das macht sie noch schnell. Im Schlafanzug soll Ronja sie nicht kennenlernen. Und Papa steckt auch noch ein Brötchen für sie ein. Aber dann geht es schon los. Das Auto hat Papa vor der Tür geparkt. Sven sitzt schon drin und sieht mindestens genauso aufgeregt und strubbelig aus wie Lena.

Zu dritt brausen sie los zum Krankenhaus. Da kennt

Lena sich ja schon aus. Sie weiß genau, in welchem Stock die Entbindungsstation liegt. Und Papa weiß, in welchem Zimmer Mama und das Baby liegen. Als er die Tür aufmacht, bekommt Lena Herzklopfen. Jetzt wird sie es gleich sehen! Das Baby!

„Hallo, ihr drei." Mama liegt im Bett, hält etwas Kleines im Arm und lächelt sie an.

Lena will sofort zu ihr ins Bett klettern. „Ist das Ronja?" Dann fährt sie erschrocken zurück. „Die ist ja ganz schrumpelig!" Sie hat es doch gewusst. Neun Monate im Bauch, das ist einfach viel zu lang.

Papa gibt einen komischen Laut von sich, als würde er kichern. Mama lächelt bloß. Das Baby blinzelt und schaut Lena mit großen Augen an.

Und da freut Lena sich auf einmal. So doll freut sie sich, dass sie beinahe platzt. Ist doch egal, dass es schrumpelig ist. Sie hat jetzt ein Schwesterchen! Endlich hat sie ein Schwesterchen!

Willkommen zu Hause!

Ungeduldig hüpft Lena im Wohnzimmer hin und her. Wo Papa bloß bleibt? „Ich hole jetzt Mama und Ronja aus dem Krankenhaus ab. In spätestens einer Stunde sind wir zu Hause", hat er ihr versichert, bevor er davongestürmt ist.

Seitdem sind mindestens hundert Stunden vergangen. Vielleicht sogar schon tausend. Auf jeden Fall viel, viel mehr als eine. Lena weiß schließlich, wie kurz eine Stunde ist. Wenn sie nach dem Kindergarten noch eine Stunde zu Anne darf, haben sie kaum angefangen zu spielen und schwups, schon ist die Stunde rum und Lena muss nach Hause.

Diesmal geht es nicht schwups, und schon kommt Papa mit Mama und Ronja nach Hause. Das ist so gemein! Dabei hat Papa es doch versprochen.

„Wo bleiben die nur?", jammert Lena.

Die Milliekatze, die auf ihrem Kuschelkissen im Wohnzimmer liegt, öffnet kurz ein Auge, dann klapp sie es gleich wieder zu. Lena versteht das nicht. Wie kann man denn jetzt schlafen?

„Sven!", schreit sie. „Wie viel Uhr ist es?"

Keine Antwort. Sven hört außer der Musik in seinem Zimmer nichts anderes mehr.

Lena rennt nach oben und reißt die Tür zu seinem Zimmer auf. „Wie viel Uhr ist es?", schreit sie noch einmal.

Sven dreht die Musik leiser. „Wann lernst du endlich die Uhr, du Zwerg? Es ist kurz nach halb elf."

„Und warum kommt Papa nicht wieder?"

„Weil er gerade mal seit einer halben Stunde weg ist."

Lena holt tief Luft. Sven hat ja keine Ahnung! Oder seine Uhr geht falsch. Aber bevor sie ihm das sagen kann, hört sie Motorengeräusch.

„Das ist unser Auto!", ruft sie. „Papa und Mama sind wieder da. Ronja ist da!"

„Nun mach mal nicht so einen Wirbel", knurrt Sven. Aber als Lena die Treppe hinunter zur Haustür rast, überholt er sie sogar noch. Er ist der Erste, der die Tür aufreißt, und brüllt: „Herzlich willkommen!"

„Herzlich willkommen!" Lena versucht, ihn zu übertönen.

„Nicht so laut", flüstert Papa. Er trägt ein Bündel im Arm, aus dem nur eine Stupsnase herausschaut.

Mama sieht müde aus, aber als sie Sven und Lena sieht, lächelt sie. „Sven! Lenchen! Bin ich froh, wieder zu Hause zu sein."

Lena ist auch froh, dass Mama wieder zu Hause ist. Und Sven anscheinend auch, denn er lässt sich sogar eine Umarmung von Mama gefallen. Das hat er zum letzten Mal an Weihnachten gemacht.

„Ich will Ronja sehen!" Lena stellt sich auf Zehenspitzen, um das Bündel in Papas Armen besser sehen zu können. Es schläft.

Mama zieht ihre Jacke aus und lässt sie auf den Boden rutschen. Wenn Lena das macht, schimpft sie immer mit ihr. „Drei Kinder. Ich weiß gar nicht, wie ich das schaffen soll", seufzt sie.

Papa streicht ihr über die Wange. „Aber ich helfe dir doch", beruhigt er sie.

Lena wundert sich. Ist Mama etwa jetzt erst aufgefallen, dass sie mit Ronja jetzt drei Kinder hat? Sven und sie sind zwei Kinder und noch ein Baby dazu macht drei Kinder, das ist doch ganz einfach. Das weiß Lena schon seit Monaten, obwohl sie noch gar nicht in die Schule geht.

„Ich helfe dir auch", bietet sie Mama großzügig an. Und am besten fängt sie gleich damit an. Baden, wickeln, umziehen, füttern, mit Babys hat man ja ständig was zu tun. Und Lena kann das alles. In den letzten Wochen hat sie dauernd mit ihrem Teddy und ihrer Puppe geübt.

Wie aufs Stichwort regt sich das Bündel, zieht die Stupsnase kraus und fängt an zu quäken.

„Ronja hat Hunger", stellt Mama fest.

Ha, das geht ja gleich gut los! „Ich füttere sie", ruft Lena aufgeregt. „Wo ist das Milchfläschchen?"

„Du kannst sie nicht füttern", antwortet Mama. „Und sie bekommt auch kein Fläschchen. Die Milch bekommt sie von mir." Sie nimmt Papa das Bündel aus den Armen. Dann setzt sie sich auf die Couch, schiebt ihren Pulli hoch und legt Ronja an ihre Brust. Sofort fängt sie an zu saugen.

Lena setzt sich neben Mama und schaut ihr zu. Mama schließt die Augen, als würde sie gleich einschlafen.

Lena hampelt mit den Beinen. Endlich hat Ronja fertig getrunken. Aber sofort verzieht sie ihr Gesicht und kräht, und dann legt Mama sie an die andere Brust. Und Lena muss weiter warten.

Aber danach wird es lustig. Mama legt Ronja an ihre Schulter und klopft ihr zart auf den Rücken. „Beim Trinken schluckt sie Luft", erklärt Mama. „Und wenn ich ihr auf den Rücken klopfe, kommt die Luft wieder hoch. Das ist wichtig, damit sie kein Bauchweh bekommt."

Ronja stößt auf.

„Sie rülpst", kichert Lena. „Noch mal, Ronja." Sie klopft ihr kräftig auf den Rücken. Ronja stößt noch einmal auf und spuckt dabei einen ganzen Schwall Milch auf Mamas Pulli.

„Ach, Lenchen", seufzt Mama.

Papa kommt ins Zimmer und nimmt ihr Ronja aus dem Arm. „Ich wickle sie", sagt er. Mama lehnt sich zurück und macht die Augen wieder zu. Papa trägt Ronja ins Babyzimmer und legt sie auf den Wickeltisch. Lena folgt ihm.

„Warum ist Mama so komisch?", fragt sie.

„Mama ist müde", sagt Papa. Geschickt zieht er Ronja das Strampelhöschen aus und öffnet die Windel. „Außerdem muss sich Mamas Körper nach der Geburt wieder umstellen. Das ist genauso wie am Anfang, als sie schwanger war."

Lena denkt an den Schokokuchen mit den sauren Gurken und an die Zitronenlimonade. „Will sie jetzt auch wieder ständig so komische Sachen essen?", fragt sie hoffnungsvoll.

Papa lacht. „Nein. Aber es kann vorkommen, dass sie sich im einen Moment freut und im nächsten traurig ist. Das geht aber zum Glück schnell vorbei. Gibst du mir mal ein Öltuch?"

Lena angelt ein Öltuch aus der Schachtel. Damit macht Papa Ronjas Popo sauber. Ronja zappelt ein bisschen. Sie sieht lustig aus, wie ein Käfer, der auf dem Rücken liegt.

„Und jetzt die neue Windel", sagt Papa. „Danke, Lenchen, du bist wirklich eine große Hilfe."

Während er die Windel zuklebt, klappen Ronja auf einmal die Augen zu und sie schläft ein. Schon wieder! Na, hoffentlich ist sie morgen mal ein bisschen munterer. Sonst kann Lena doch gar nichts mit ihrer neuen Schwester anfangen.

Endlich wach

Am nächsten Morgen springt Lena ganz früh aus dem Bett. Vielleicht ist das Baby jetzt endlich mal wach! Sie schaut ins Babyzimmer. Die Wiege ist leer. Juchu, Ronja ist schon auf! Lena rennt ins Wohnzimmer. Keine Ronja, keine Mama, kein Papa. Auch nicht in der Küche. Auch nicht im Garten. Wo sind die nur alle? Lena schiebt die Unterlippe vor. Gehen die schon so früh spazieren, ganz ohne sie? Oder begleiten sie etwa den großen Sven in die Schule? Sie will doch den Kinderwagen schieben!

Aber nein, auch der Kinderwagen steht noch im Flur.

Lena schaut ins Schlafzimmer. Da liegen Mama und Papa im Bett, Ronja zwischen ihnen, und alle drei schlafen sie.

„Seid ihr langweilig", sagt Lena aus tiefstem Herzen.

Papa fährt hoch. „Pst", macht er, „Mama und das Baby schlafen."

„Das Baby schläft ja dauernd", brummelt Lena.

Papa schlüpft in seine Hausschuhe und seinen Morgenmantel und tappt aus dem Schlafzimmer. Seine Augen sind gerötet und er muss ständig gähnen. „Ich mach dir Frühstück", murmelt er.

„Mama soll auch aufstehen", quengelt Lena.

„Mama hat heute Nacht kaum geschlafen", sagt Papa gähnend. „Ronja war die ganze Zeit wach und hat geschrien."

Da staunt Lena. Ronja ist auch mal wach? Davon hat sie gar nichts mitgekriegt. „Ronja sollte lieber am Tag wach sein", bemerkt sie streng.

„Ja, das finde ich auch", stimmt Papa ihr seufzend zu. „Aber bis ein Baby das lernt, dauert es oft eine Weile."

Er deckt den Frühstückstisch mit frischem Toast, Butter und Marmelade, wie am Wochenende.

„Ist heute schon wieder Sonntag?", fragt Lena. Komisch, warum ist Sven dann heute in der Schule?

„Nein, es ist Montag", erwidert Papa. „Aber ich habe Urlaub, damit ich für euch alle mehr Zeit habe."

Das gefällt Lena. „Darf ich auch Urlaub haben?"

„Wenn du möchtest", meint Papa. „Aber willst du nicht lieber mit Anne und Till im Kindergarten spielen?"

Nein, Lena will mit Ronja zu Hause spielen.

Aber erst mal frühstückt sie in aller Ruhe und ganz allein mit Papa. Das ist toll! Danach hilft sie ihm noch beim Tischabräumen und beim Geschirrein-räumen in die Spülmaschine.

Und dann kräht auch schon ein Babystimmchen aus dem Schlafzimmer. Ronja ist wach!

Es wird ein schöner Tag. Während Mama das Baby stillt, liest sie Lena etwas vor. Danach darf sie wieder beim Wickeln helfen. Und später wird Ronja geba-det! Lena darf sie waschen, während Mama sie im Arm hält. Das macht viel mehr Spaß, als einen Ted-dy oder eine Puppe zu baden, denn Ronja ist wirk-lich lebendig und zappelt und gurgelt dabei so lustig. Ronja ist einfach süß!

Lena will nicht

Die Tage vergehen und leider ist Ronja viel zu selten wach. Und oft schreit sie dann auch. Es gibt so viele Gründe für Ronja, zu schreien. Entweder hat sie Hunger oder sie hat eine volle Windel oder sie hat Bauchweh oder sie ist müde oder sie will kuscheln.

Eigentlich ist so ein Baby ganz schön anspruchsvoll, findet Lena.

Und dann ist Mama auch dauernd so müde. Lena kann überhaupt nichts mit ihr machen.

„Geh doch ein bisschen zu Anne", sagt sie, wenn Lena zu Hause ist.

„Sei doch ein bisschen leise", sagt sie, wenn Lena laut durch das Haus tobt.

Und wenn Lena mit ihr spielen will, sagt sie: „Gleich. Spiel doch erst noch ein bisschen mit deiner Puppe."

Gleich. Immer nur gleich. Wenn Lena Kakao trinken möchte, macht Mama ihn ihr *gleich*. Wenn Lena vorgelesen haben möchte, macht Mama es *gleich*.

Denn vorher muss Mama sich immer noch um Ronja kümmern. Oder sich ausruhen, weil sie sich schon die ganze Nacht um Ronja gekümmert hat.

Kann man so einem Baby denn nicht beibringen, dass es nachts zu schlafen hat? Lena darf doch auch nicht die ganze Nacht herumschreien.

Also holt Lena ihre Puppe aus dem Regal und kümmert sich um sie. Sie wiegt sie im Arm und trägt sie herum. „Eidideididei", flötet sie liebevoll. Erwachsene kriegen so eine hohe Stimme und sagen komische Sachen, wenn sie mit einem Baby reden. „Eidideididei, mein Kleines, willst du nicht schlafen?"

Sie nimmt das Plastikfläschchen und füttert die Puppe. Danach wickelt sie die Puppe. Danach zieht sie sie noch mal aus und steckt sie in die Badewanne. Ganz lange planscht sie darin herum. Dann trocknet sie die Puppe ab und zieht ihr neue Sachen an.

Jetzt hat sie aber lange allein gespielt. Wirklich lange. „Mama, spielst du jetzt mit mir?", fragt sie.

Mama stillt gerade Ronja. „Gleich", antwortet sie.

Lena geht zurück in ihr Zimmer, zerrt die Puppe wieder aus ihrem Bettchen und schmeißt sie auf die Erde. „Was, du willst nicht schlafen?", brüllt sie die Puppe an und rollt sie auf der Erde herum, immer wilder und wilder.

Papa schaut um die Ecke. „Was machst du denn da?"
„Meine Puppe will nicht schlafen", erklärt Lena.
„Kein Wunder", meint Papa. „Wie soll sie denn einschlafen, wenn du sie so schüttelst?"
Lena schaut finster auf die Puppe hinab. Blöde Puppe!
Und Ronja, die ist auch blöd. Total blöd!
Papa hebt die Puppe auf, wiegt sie ein bisschen und
legt sie in ihr Puppenbettchen. „Jetzt schläft sie",
flüstert er Lena ins Ohr. Leise zieht er sie aus dem
Kinderzimmer. „Weißt du was? Ich hätte Lust, einen
schönen Ausflug zu machen. Nur wir beide. Zur Er-
holung." Er zwinkert Lena zu. „Du darfst dir was
wünschen."
Ha, Papa ist also auch manchmal genervt! Lena
überlegt schon begeistert, was sie sich für einen Ausflug wünschen soll, da hört sie Ronja im Wohnzimmer glucksen. „Ja, meine Kleine", lacht Mama.
Lena schiebt die Unterlippe vor. „Ich will keinen
Ausflug machen", murrt sie.
„Ach komm, Lenchen, wir gehen in den Freizeitpark", schlägt Papa vor.
In den Freizeitpark wollte Lena schon lange. Aber
heute geht es nicht. Denn wenn sie jetzt weggeht,
verpasst sie vielleicht, dass Mama irgendwann Zeit

für sie hat. Und Mama wird dann nur mit Ronja kuscheln und gar nicht mit ihr.

„Ich will nicht", wiederholt sie.

Aber Papa hört nicht auf sie. Er packt einfach ein paar Kekse und eine Flasche Apfelsaftschorle ein und dann zieht er Lena Jacke und Schuhe an.

„Ich will nicht!" Lena stampft mit dem Fuß auf.

Papa nimmt sie an der Hand und geht mit ihr aus dem Haus.

„Ich will nicht!", schreit Lena.

Das schreit sie auch noch, als sie im Auto sitzt. Und als Papa sie auf dem Parkplatz vom Freizeitpark wieder aus dem Auto herausholt. Und an der Kasse vom Freizeitpark. Alle Leute drehen sich nach ihr um.

Im Freizeitpark wird Lena etwas leiser. Gleich hinter dem Eingang wartet nämlich schon eine kleine Eisenbahn auf sie. Wenn man Eisenbahn fahren kann, kann man nicht gleichzeitig „Ich will nicht" schreien. Denn Eisenbahnfahren macht Spaß.

Die Eisenbahn rattert durch den ganzen Park. Zwischendurch stoppt sie immer wieder an verschiedenen Haltestellen, und wer will, kann aussteigen und tolle Sachen machen. In den Streichelzoo gehen. Oder Ponyreiten. Oder Karussell fahren. Oder eine Riesenrutsche hinuntersausen.

Lena will auf einem Riesentrampolin hüpfen. Dazu bekommt sie einen Gurt umgeschnallt, damit sie nicht weghüpfen kann. Mit jedem Sprung fliegt sie höher und höher. Bis sie sich fühlt wie ein Vogel und alles andere vergessen hat.

„Wollen wir jetzt auch noch zusammen Karussell fahren?", fragt Papa.

„Ja!", ruft Lena.

Und danach will sie noch mit Papa auf die Riesenrutsche. Und dann ein Picknick machen. Und dann in den Streichelzoo. Und Ponyreiten will sie auch noch, während Papa das Pony am Zügel führt. Überhaupt ist es das Allerbeste, dass Papa immer dabei ist. Nur Papa, und sonst niemand.

Am Schluss ist Lena so müde, dass sie froh ist, als Papa sie auf den Arm nimmt und zum Auto trägt.

Zu Hause steht Mama in der Küche und kocht das Abendessen. Tatsächlich, Lena und Papa waren so lange unterwegs, dass schon Abendessenszeit ist! Und sie haben so viel zusammen erlebt, dass Lena gar nicht weiß, was sie zuerst erzählen soll.

Ronja liegt auf einer Decke und gluckst vor sich hin. Lena hockt sich neben sie. Wie klein ihre Schwester noch ist! Viel zu klein für so einen tollen Ausflug.

„Arme Ronja", meint Lena mitleidig. „Du darfst

noch nicht in den Freizeitpark und auf dem Trampolin hüpfen."

Ronja gluckst und verzieht ihr Gesicht. Aber sie weint nicht.

„Ronja lächelt!", schreit Lena.

Papa, Mama und sogar Sven kommen herbeigestürzt und scharen sich um die Decke.

Wieder gluckst Ronja und verzieht das Gesicht.

„Tatsächlich", sagt Mama gerührt. „Ronja hat zum allerersten Mal gelächelt."

„Sie hat mich angelächelt!" Lena hüpft vor Freude im Kreis und Ronja gluckst immer lauter und strampelt mit den Beinen.

„Wart's nur ab, Lenchen", meint Papa. „Nicht mehr lange, und Ronja kann sich auch umdrehen, sitzen, krabbeln, stehen, ihre ersten Schritte machen – und irgendwann rennt sie dir hinterher."

Das sind keine schlechten Aussichten, findet Lena. Und überhaupt, eigentlich ist Ronja gar nicht blöd, sondern richtig süß.